アルケミスト双書　タロットの美術史〈5〉

正義・隠者

鏡 リュウジ

✷

Justice & The Hermit

Ryuji Kagami

はじめに

「愚者」から始まるタロットの旅で、

僕たちは素晴らしい愛の歓び（「恋人」）と

大きな達成感（「戦車」）を体験することができた。

若々しく鮮烈なその高揚感を味わった後で、

僕たちが次に出会うのは「正義」と「隠者」の２枚の札である。

若々しい生の歓びを味わう瞬間、人は主観的で「自分」に集中している。

個人としての自分を達成することが価値の中心になってくるのである。

しかし、「自分だけ」の歓びは長くは続かない。

遅かれ早かれ、人は社会の中で生かされていることを知る。

そこで善いとされていること、あるいは

そうでないことを客観的に見ることが要求される。

つまり社会的な「正義」の感覚を身につけることになる。

そのプロセスの中で、社会における自分の立場を冷静に見ることになるのだ。

それは自分自身を相対化していくことでもあるだろう。

その相対化の作業はやがて「正義」そのものにも向けられることになる。

この10年、20年の社会の変化を考えてみればよい。

社会通念における「正義」の変わり身の速さに驚くはずだ。

社会的正義は便宜的なものにすぎない。

現世での「正義」を大切にする一方で、俗世を離れて

自分自身の内なる思索や価値を護る必要がある。

ここで僕たちは内なる「隠者」に出会うことになるのだ。

鏡 リュウジ

contents

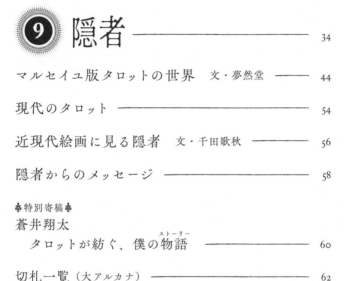

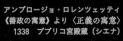

アンブロージョ・ロレンツェッティ
《善政の寓意》より〈正義の寓意〉
1338　ププリコ宮殿蔵（シエナ）

ウェイト＝スミス版〈正義〉
Waite-Smith Tarot
1910　イギリス／ロンドン　夢然堂蔵

剣 と天秤を持つ「正義」は、体現する人物が女
　性であることも、そしてその構図も、古来ほ
とんど変わっていない。とはいえ現代の視点から「正
義」を一言で定義するのは難しい。タロットの図像
からは、どのような意味を読み取れるだろうか。

8

正義 / *Justice*

タロット発祥時から
安定した姿を示す正義の女神

まずはこのカードに振られた番号についてお話しておこう。もしかしたら皆さんの手元にあるカードでは「正義」は8番ではなく11番になっているかもしれないからだ。

タロットの切札の順序は初期から多くの異同があったが、現在では17世紀から18世紀にかけて定着した「マルセイユ」系と、20世紀初頭に登場した「ウェイト＝スミス」系の2種の順が主流であろう。マルセイユ系パックでは8番が「正義」、11番が「力」となっていて、本書でもこの順に従っている。一方、ウェイト版系ではこの2枚の番号が入れ替わり、8番は「力」、11番が「正義」となっている。これは19世紀末の魔術結社「黄金の夜明け」団のカバラ的象徴体系に従ったものであり、どちらが正しいというものではなく、解釈の相違だと考えていただきたい。

ただ、番号の変化はあれど、「正義」札の構図やモチーフは15世紀以降、安定していると言ってよい。「節制」「力」「賢慮」と並び、古代より「四元徳」のひとつとされた「正義」は、峻厳さを示す剣と公正の天秤を手にした女性像として擬人化される。この像はタロットのみならず、現代でも裁判所などに見ることができ、神ならぬ人間ゆえ、誤ることがあるとしても、できるかぎり公正であろうとする姿勢を導こうとしているかのようだ。

『死者の書』より《死後の審判》（部分）
エジプト第19王朝（紀元前1293頃–前1185頃）
大英博物館蔵（ロンドン）

ヴィスコンティ・スフォルザ版
〈正義〉

Visconti-Sforza Tarot
1441–47頃　イタリア／ミラノ　個人蔵

現存する最古の「正義」の札のひ
とつ。剣と天秤を持つ伝統的な正
義の像が描かれるが、頭上に草原
を走る黒馬に乗り剣を抜いた甲冑
の男性が描かれているのが特徴だ。
この騎手が何を象徴しているのか
は明らかではないが、戦に赴く男
性との対比によって正義を護るこ
との重要性を強調するようにも、ま
た正義を護るための力の行使の重
要性を示すようにも見える。

名画に見る〈正義〉

ジョット・ディ・ボンドーネ
《7つの美徳》より
〈正義〉

1304–05　フレスコ壁画
スクロヴェーニ礼拝堂蔵（パドヴァ）

威厳と慈悲を体現する堂々とした佇まいの「正義」の擬人像。その下では平和に暮らす人々が描かれている。ジョットが描いた他の6つの美徳の擬人像と異なる、唯一の精巧な建築空間も特徴的だ。

マンテーニャのタロット
〈正義〉

Mantegna Tarot
1465頃　イタリア
大英博物館蔵（ロンドン）

定型的な「正義」の擬人像の足元
に鶴がいるのが特徴。アリストテ
レスの『動物誌』などをはじめ、鶴
は「用心」のシンボルだとされて
いる。正義の行使には用心深さが
必要なのだろう。50枚からなるこ
のパックはルネサンスの画家マン
テーニャの作と一時誤解され、現
在もそれが通名となっている。

名画に見る〈正義〉

ピエロ・デル・ポッライウォーロ
《正義》

1469-72　テンペラ／板　168×90.5cm
ウフィツィ美術館蔵（フィレンツェ）

通常、「正義」の擬人像は天秤を手に
しているが、ここでは地球儀を抱えて
おり、おそらく世界が正義によって統
治されることを表している。ルネサン
ス時代のフィレンツェで商人間の紛争
解決を担った裁判所が依頼した作品。

シャルル6世のタロット
〈正義〉

Charles VI Tarot
1475–1500頃　イタリア
フランス国立図書館蔵（パリ）

右手に長剣、左手に天秤を持つ典型
的な「正義」の擬人像だが、頭の後
ろに光輪のような飾りがあるのが目
につく。正義の権威を示すのだろう
か。14世紀後半に即位したフラン
ス王シャルル6世にちなんだ名前
で呼ばれるパックだが、実際は15
世紀に制作されたものである。

タロッキ・フィーネ・ダッラ・トッレ〈正義〉
Tarocchi Fine dalla Torre
17世紀　イタリア／ボローニャ
フランス国立図書館蔵（パリ）

17世紀のボローニャで制作されたこのパックでは「正義」の擬人像が太陽の下に描かれている。おなじみの剣と天秤の他に宝珠をも手にしている。「正義」の権威がこの世界を統べていることを示すようにも見える。

作者不明のパリジャンのタロット
〈正義〉
Tarot Anonyme de Paris
1600-50頃　フランス／パリ
フランス国立図書館蔵（パリ）

目隠しをした「正義」の擬人像には髭を生やした男性と、髭のない女性のような人物の2つの顔があるのが目を引く。峻厳と慈悲を表すのだろうか。「正義」像として興味深い表現である。

ミテッリ・タロッキ
〈正義〉
Tarocchini Mitelli
1660-70頃　イタリア
フランス国立図書館蔵（パリ）

17世紀イタリアの画家ジュゼッペ・
マリア・ミテッリによるタロット。
大きなスカーフが風にはためくな
か、片方の胸をはだけ、しかも片
足を岩に乗せるというユニークな
「正義」像。通常の「正義」よりフ
ランクな印象を受ける。

名画に見る〈正義〉

グアリエント・ディ・アルポ
《天秤を持つ正義の天使》
1345頃　テンペラ／板　80×57cm
カッラレシ城礼拝堂蔵（パドヴァ）

西洋美術では、女性の姿をとる「正義」の擬人像とは別に、天使の姿でも表されることがある。本図の天使が持つ天秤の左に無実の人、右に罪人が乗り、悪魔が後者を地獄へ引きずり下ろそうとしている。

ラファエロ・サンツィオ
《正義》

1508-24　フレスコ壁画
ヴァチカン宮殿「署名の間」蔵

ヴァチカン宮殿「署名の間」の天井画において、この「正義」は他の四元徳「剛毅（力）」「賢慮」「節制」よりも目立つ位置に描かれ、その重要性が強調されている。有翼の幼児（プットー）が持つ銘文には「彼女はすべての人に正義を与える」とある。

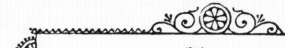

マルセイユ版タロットの世界

文・夢然堂

　図版を見れば一目瞭然だが、制作された地域も時期も決して同一でない4種のパックにおいて、この札のデザインにほとんど差異はない。右手に剣、左手に天秤を持って座す女性の姿。西洋の古典的な四元徳のひとつである「正義」の擬人像として、これは極めて一般的な形であり、現代のパックでもほぼ踏襲されているものである。

　第4巻でも言及したアグリッパによると、いにしえのピュタゴラス学派の人々は、この札の番号である8という数字を「正義の数」と呼んでいたらしい。その所以としてマクロビウス著『「スキピオの夢」註解』には、この数が繰り返し半々に割ることができるため、との説明がある（2×2×2、とも表現できよう）。要するに、「正義」＝"justice"という語には、「公平」という意味もあるのだ。均等に物を分けるための道具である天秤は、このこと

を象徴しているのであろう。

　もともとタロットの各切札に割り振られた札番号は、決して一定のものではなく、時代や地域によって相違があった。「正義」札に8番を割り当てたものとして、代表的な存在だったのがフィレンツェのパックである。マルセイユ版の発祥地として最有力候補と目されている都市リヨンは、「フランスのフィレンツェ」と呼ばれるほど同市と関係が深かった。ここに、歴史の流れが透けて見える。

　地上世界の存在を描いた、一けた番号の切札群の中に置かれた「正義」。庶民も貴族も聖職者も、この世の者が例外なく従わなければならないものが法、すなわち正義である。思えばこの札の「正義」の擬人像は、頭に王冠らしきものを戴いている。あたかも、彼女こそがこの現世を治め君臨する支配者であるかのようだ。

ルヴァンのニコラ・コンヴェル版〈正義〉

Tarot of Marseilles by Nicolas Conver
1860年代頃　フランス／マルセイユ　夢然堂蔵

カモワンのニコラ・コンヴェル版〈正義〉

Tarot of Marseilles by Nicolas Conver
19世紀末　フランス／マルセイユ　夢然堂蔵

ルノーのブザンソン版〈正義〉

The Besançon Tarot by Renault
19世紀前半　フランス／ブザンソン　夢然堂蔵

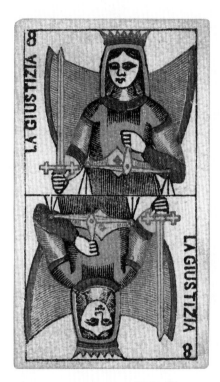

ミュラー版〈正義〉

Tarot of Marseilles by J. Muller
19世紀末頃　スイス／シャフハウゼン　夢然堂蔵

ヴィアッソーネのピエモンテ版〈正義〉

Piedmont Tarot by Alessandro Viassone
1900年前後 (?)　イタリア／トリノ　夢然堂蔵

＊各パックについては第1巻「愚者・奇術師」〔17～19頁〕で解説

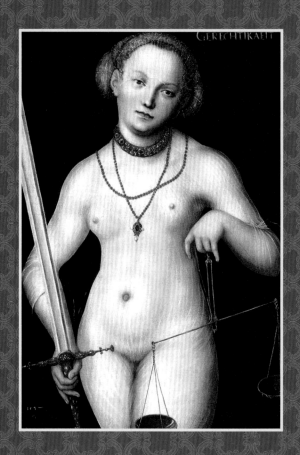

GERECHTIKEIT

名画に見る〈正義〉

ルーカス・クラーナハ（父）
《正義の寓意（ユスティティア）》

1537　油彩／板　74×52cm　個人蔵

伝統的な図像と異なり、ごく薄いヴェールをまとった「正義」はその裸体をさらしながら正面を見据える。誘惑的な裸体と正義という一見相容れない主題が混在したクラーナハ（父）の代表作のひとつ。

ジョルジョ・ヴァザーリ
《正義の寓意》

1543　油彩／板　352×252cm
カポディモンテ美術館蔵（ナポリ）

中央の「正義」は忍耐を表すダチョウを抱え、「時の翁」が差し出す「真実」に月桂冠を授けている。「真実」の手の上の白い鳩は平和を暗示。画面の下に見える鎖でつながれた人々は7つの悪徳を示す。

フランソワ・ド・ポワリーの
ミンキアーテ版
〈正義〉

Minchiate by François de Poilly
1658–93　フランス
フランス国立図書館蔵（パリ）

オーソドックスなタロットで
はない、この「正義」は高い
建物の屋上に立つ。風に吹か
れる「正義」は絶対的権威の
象徴には見えないが、それで
もなお街に何がしかの「正義」
があることを示すようだ。

La Justice

VIII.

ミンキアーテ版
〈正義〉

Minchiate Tarot
1860~90頃　イタリア／フィレンツェ
フランス国立図書館蔵（パリ）

16世紀フィレンツェで生まれ、通
常の1パック78枚ではなく97枚か
らなるタロット。「正義」像は穏や
かで柔和そうな女性として描かれ
ている。ゆったりとした衣に身を
包み、優しくその正義の力を行使
しようとしているように見える。

グラン・エテイヤ（タロット・エジプシャン）
〈正義〉

Grand Etteilla or Tarot Égyptien
1875–99頃　フランス／パリ　鏡リュウジ蔵

18世紀末のカード占い師エテイヤが制作
した史上初の「占い専用タロット」より、
「正義」に相当する札。副題は「ソロモ
ン」であり、古代ユダヤの賢明な王を示
す。占いでは、全幅の信頼を置ける忠実
な人物を示すという。

オズヴァルト・ヴィルト・タロット
〈正義〉

Oswald Wirth Tarot
1889　フランス／パリ
フランス国立図書館蔵（パリ）

19世紀末のオカルト主義者オズヴァルト・
ヴィルトは言う。「"正義"がなければ、な
にものも生きられない。万物はこれを統
べる法則の力によってのみ存在するから
である」。

ウェイト＝スミス版
〈正義〉

Waite-Smith Tarot
1910　イギリス／ロンドン　夢然堂蔵

　20世紀以降のタロット文化に決
定的な影響を与えたウェイト＝
スミス版。ウェイト版の「女教
皇」（高等女司祭）〔第2巻参照〕
と同じく2本の柱の中央に座す
が、「女教皇」は神の摂理や霊的
真理への扉を示すのに対して、
「正義」はより人間的な真理への
扉を示しているかのようだ。

01.

オートノミック・タロット

Sophy Hollington, 2018, from the Autonomic Tarot by Sophy Hollington and David Keenan, published by Rough Trade Books

🌐 sophyhollington.com
📷 sophyhollington

デビッド・キーナンとソフィ・ホリント ンのコラボレーション。リノリウム版画 の技法で、グラムパンクを思わせる現代 的なイメージでタロットを表現。

02.

カーニバル・アット・ジ・エンド・ オブ・ザ・ワールド・タロット

The CARNIVAL at the END of the WORLD Tarot Deck by Nicholas Kahn & Richard Selesnick

🌐 kahnselesnick.biz
📷 kahnselesnick

「世界の終わりのカーニヴァル」という名の 幻想的なパック。不思議な生き物たちが世 界の終わりにお祭りをするというのだろう か。「正義」のカードにはエジプト神話のモ チーフが使われている。

03.

デザート・イルミネーションズ・
タロット

The Desert Illuminations Tarot
by Lindsay D Williams

🌐 lindsaydwilliamsart.com
📷 desertilluminations

リンゼイ・D・ウィリアムズ作のタ
ロット。アメリカ南西部の文化や風景
をモチーフに描く「カルチュラル・タ
ロット」のひとつ。「正義」には銃を
持つ女性が描かれる。

04.

ソムニア・タロット

The Somnia Tarot by Nicolas Bruno

🌐 nicolasbrunophotography.com
📷 nicolasbruno

ニコラス・ブルーノによる写真
構成のタロット。夢（ソムニア）
の世界をシュールレアリズム的
作品に落とし込んでいる。マネ
キンと布と石膏で覆って造られ
たこの「正義」像を、作者は嵐
の朝に撮影したという。

ピエール＝ポール・
ブリュードン
《正義と復讐に
追われる罪》

1808　油彩／カンヴァス
244×294cm
ルーヴル美術館蔵（パリ）

近現代絵画に見る

正義

—— 罪人には容赦ない懲罰を、
　　戦時下の国民には大義名分を

文・千田歌秋

　　正義の女神が剣を掲げれば、それは
悪を厳しく取り締まる意思表示となる。
一方、彼女が天秤を掲げた場合、それ
は自分たちの公正さのアピールとなる。
　　ブリュードンは、義憤の炎を燃やす
復讐と並んで制裁の剣を振りかざし、罪
人を容赦なく追い詰める正義の姿を描
いた。左手の天秤は折り畳まれたまま

て、罪の軽重を裁定するというより懲
罰を与えることに徹しているようだ。
　　サリヴァンは、希望の虹が架かり幼
児が遊ぶ理想世界で、大戦の意義を説
く正義の女神を描いた。戦時下の剣は
暴力の強制にもなり得るが、ここでは
人々に向けられておらず、代わりに大
義名分の天秤が高々と掲げられている。

エドマンド・ジョゼフ・サリヴァン
《大戦 英国の努力と理想：正義の支配》
1917　カラーリトグラフ／紙　78.1×50.5cm　国立西洋美術館 旧松方コレクション蔵(東京)

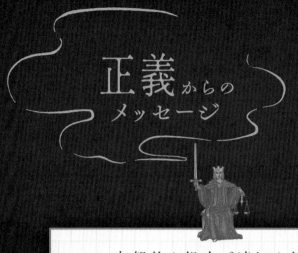

正義 からの メッセージ

✦ 客観的な視点で適切な判断を ✦

「正義」のカードは「公正さ」「善悪の判断」を意味する。
主観をいったん脇に置き、自分の損得から距離をとって、
正しさの基準に照らして行動指針を決めていく姿勢である。
情に流されず、一歩引いたところから
自身を見ることができるメタな視線が必要になってくるだろう。
しかし、これは案外難しい。
特に現代のSNS社会では皮肉なことに、
以前よりもそれが困難になる場合がある。
ネットにつながれば自分の立場や意見を強化する言説を
見つけることが簡単になっているのだ。
それは自分の「正義」の絶対化につながる。
どんなものであれ「正義」は
当座のものかもしれないことを意識したい。

Love / 恋愛

相手と自分の距離をうまくはかること。
相手とフェアで公正な関係を築くこと。
今の自分をクールに見つめることが必要。
釣り合った関係を意識する。
一方で相手を厳しくジャッジしすぎていないか、
振り返ってみることも重要かもしれない。

Work / 仕事

ワークバランスがうまく取れている。
コンプライアンスを遵守する仕事。
計画をきちんと立ててそれに従っていく。
努力した分だけの報酬がきちんと入る。
ただし甘えは通じにくい。合理的に判断して決断していくべきとき。
事実やデータを積み上げて方針を決定すると吉。

Relationship / 対人関係

何よりも公正な人間関係を大事にしたい。
一方が得をし、他方が損をするような関係性は長く続かない。
情によって忖度しない。客観的に見て正しいかどうかで
判断していくべき。公私の境界線をきちんと保つ。
ビジネスライクな対応。分け隔てなく人と付き合う。
依存的な関係を断ち切る。

The Hermit

ヘラルト・ダウ《隠者》
1661頃　ウォレス・コレクション蔵（ロンドン）

IX

THE HERMIT.

ウェイト＝スミス版〈隠者〉
Waite-Smith Tarot
1910　イギリス／ロンドン　夢然堂蔵

隠者

豊かな髭をたくわえ、タロットの人物像の中で
最も年老いた姿で描かれる「隠者」。その多
くはランプを掲げるが、ときには砂時計であったり、
松葉杖をついたりしている。静かに歩みを進めるこ
の老翁は一体何を求め、どこに向かうのだろう。

隠者 / *The Hermit*

内的な平穏と静寂を得ることの
難しさを暗示する老翁

今流通しているタロットの入門書やインターネットの記事を開くと、この「隠者」のカードには、俗世間から離れて隠遁し、内なる真理を求める人物という解釈がなされていることが多い。この喧騒に満ちた現代社会の中で、溢れる情報をシャットアウトして自分だけの時間と空間を再度大事にしたいと願う人が増えている昨今、「隠者」の解釈の魅力は増しているはずだ。

しかし、歴史をたどるとこの札の人物にはもうひとつのイメージがあったことが見えてくる。現存する最古のタロットのひとつ、ヴィスコンティ・スフォルザ版〔37頁〕においては、このカードは「時」と呼ばれていた。一見すると、現在ポピュラーになっている「隠者」とその構図はあまり変わらないようだが、この人物が右手で持っているのは暗闇を照らすランプではなく、砂時計であることがわかる。砂時計は伝統的に「時間」のアトリビュート

（持物）であり、この老人は修行僧としての「隠者」ではないことがわかる。確かに、ヴィスコンティ版の「時」の衣装はかなり豪華で、世俗の欲からの解放を目指す修行者にはそぐわない。タロットの歴史を詳細に研究した先駆者マイケル・ダメットは、この砂時計がランプと見間違えられてミスコピーが起きた結果、「隠者」札が成立したのではないかという説を立てている。

しかし「時」はしばしば「時の翁」と呼ばれ、「隠者」もまた必ず老人として描かれる。世俗的な成功と功名はいかに華やかなものであったとしても、それは刹那のあぶくであることをこの人物は説いているようだ。俗世の流れから一歩引いたところで、静かに時の流れを味わうような、そんな内的な平穏と静寂を現代人はどんなふうに取り戻すことができるのだろうか。タロットの「隠者」はその難しさを訴えているようにも見える。

ヴィスコンティ・スフォルザ版
〈時間〉

Visconti-Sforza Tarot
1480-1500頃　イタリア／ミラノ
モルガン・ライブラリー・アンド・
ミュージアム蔵（ニューヨーク）

マンテーニャのタロット
〈クロニコ〉(左)
〈土星―サトゥルヌス〉(右)

Mantegna Tarot
1530-61頃 イタリア
大英博物館蔵 (ロンドン)

画家マンテーニャが制作したと誤って考えられていた50枚からなるカードセット。「クロニコ」は「時の威力」を表象したものであり、「土星=サトゥルヌス」は子どもを喰らう恐ろしい父神として描かれる。いずれの札にも時間の象徴であり自らの尾を喰う蛇(ウロボロス)が描かれていることに注目したい。

名画に見る〈時間〉

フランチェスコ・ペトラルカ著
『凱旋』より
《時の勝利》

16世紀　写本挿絵
フランス国立図書館蔵（パリ）

西洋の文学や美術に登場する「時」は翼を持つ老人の姿で表される。ペトラルカの叙事詩『凱旋』でも「愛」「貞節」「死」「名声」に勝利する「時」が杖をつく翁として描かれ、タロットの「隠者」や「時間」の図像〔40-41頁〕と類似する。

ローゼンワルド・シート
〈時間〉
Rosenwald Playing Cards
15世紀　イタリア
ナショナル・ギャラリー蔵（ワシントン）

松葉杖をついて身体の衰えを強調したこの
老人像は、「隠者」というより「時間」の
擬人像であろう。番号が「9」ではなく
「IIX（XII）」となっているのが興味深い。

タロッキ・フィーネ・ダッラ・トッレ〈時間〉
Tarocchi Fine dalla Torre
17世紀　イタリア／ボローニャ
フランス国立図書館蔵（パリ）

17世紀のボローニャが制作地とされるタ
ロット。翼をつけ、松葉杖をついた「時の
翁」が描かれている。後ろに見える柱が印
象的である。誰もが「時」に抗うことはで
きないという人生の真理を示す図像。

ミテッリ・タロッキ
〈時間〉

Tarocchini Mitelli
1660–70頃　イタリア
フランス国立図書館蔵（パリ）

「時の翁」はしばしば翼をつけた姿
で描かれるが、これはそのよい例で
ある。松葉杖をつく老人は時の無常
を示す。このパックは17世紀イタ
リアのボローニャで画家ジュゼッ
ペ・マリア・ミテッリによって制
作された「タロッキーニ」。同地で
は16世紀後半より62枚からなる
「タロッキーニ」が伝統的に制作さ
れてきた。枚数だけでなく構成に
おいても通常のタロットとの違いが
見られる。

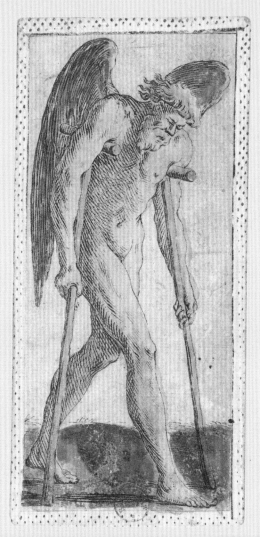

名画に見る〈時間〉

『7つの惑星』より
《土星》
1530–50頃　木版　36.4×24.7cm
大英博物館蔵（ロンドン）

天空に見えるのはドラゴンとサラマンダーが引く戦車に乗り、我が子を喰い殺したことで知られる農耕の神にして土星を司るサトゥルヌス。地上では農作業に従事する人々や慈悲の行いが描かれる。

シャルル6世のタロット
〈時間〉

Charles VI Tarot
1475–1500頃　イタリア
フランス国立図書館蔵（パリ）

人里離れた山にこれから登ろうとしているのだろうか。この「時の翁」は時間の象徴である砂時計を見つめ、残された時を測っているように見える。誤って「シャルル6世のタロット」とされたパックだが、実際には15世紀以降の作。

作者不明のパリジャンのタロット
〈隠者〉

Tarot Anonyme de Paris
1600–50頃　フランス／パリ
フランス国立図書館蔵（パリ）

こちらに描かれるのは、明らかに「隠者」。手にはランプ、そして信仰の深さを示すようにロザリオを手にして、世俗の街を離れようとする様子である。

文・夢然堂

ルノーのブザンソン版〈隠者〉

The Besançon Tarot by Renault
19世紀前半　フランス／ブザンソン　夢然堂蔵

杖を手に、前方に灯火を掲げる豊かな鬚の年配の男性。ブザンソン版のみ、大きく2つの相違点がある。衣服に頭巾(フード)がないこと、もうひとつは札名である。実はこれには、フランス革命が関係している。王権や教会に関わる意匠が革命の理念に従い一掃されたストラスブールのパック（「革命タロット」）をもとに作られたのが、このブザンソン版なのである。札名は改めて「カプチン会修道士」とされたが、削除されたままの頭巾こそカプチン会士のシンボルであったことは皮肉である。

　この札は（俗界の描かれた）一けた番号の切札の中で、最高位の9番を与えられている。かつて“(H) ERMITE”＝「隠修士」は、俗世にまみれた聖職者のあふれる中で、清らかさを保った存在として格別に民衆の尊敬を集めた存在であったという。意味深い配置、と言えよう。

ルヴァンのニコラ・コンヴェル版〈隠者〉
Tarot of Marseilles by Nicolas Conver
1860年代頃　フランス／マルセイユ　夢然堂蔵

カモワンのニコラ・コンヴェル版〈隠者〉
Tarot of Marseilles by Nicolas Conver
19世紀末　フランス／マルセイユ　夢然堂蔵

＊各パックについては第1巻「愚者・奇術師」〔17〜19頁〕で解説

ミュラー版〈隠者〉

Tarot of Marseilles by J. Muller
19世紀末頃　スイス／シャフハウゼン　夢然堂蔵

ヴィアッソーネのピエモンテ版〈隠者〉

Piedmont Tarot by Alessandro Viassone
1900年前後 (?) イタリア／トリノ 夢然堂蔵

ミンキアーテ版
〈時間〉

Minchiate Tarot
1860～90頃　イタリア／フィレンツェ
フランス国立図書館蔵（パリ）

16世紀のフィレンツェで生まれ
た97枚セットのタロットパック。
矢とともにある砂時計、松葉杖
の他に鹿が描かれる。長く立派
な角を持つ鹿は高齢と長寿を示
すと解釈されてきた歴史がある。

名画に見る〈時間〉

アルブレヒト・デューラー
《メランコリア I》

1514　エングレーヴィング　24×18.5cm
メトロポリタン美術館蔵（ニューヨーク）

翼、砂時計、物思いに沈む意味深な表情──。
「時間」と共通するイメージで表されたメラ
ンコリー（憂鬱）は従来、好ましくないと
された気質だが、ルネサンス期には創造的
な才能とも結びつけられた。

Les Ages, la Vieillesse

フランソワ・ド・ポワリーの
ミンキアーテ版
〈老い〉

Minchiate by François de Poilly
1658-93　フランス
フランス国立図書館蔵（パリ）

17世紀フランスの版画家フランソ
ワ・ド・ポワリーによるこのパッ
クはオーソドックスなタロットで
はなく、また枚数も97枚と大所
帯である。このカードは人生の
三世代を描いたもののひとつ。
高い塔のそばで老人が思索にふ
けっている。その脳裏にはどん
な思い出がよぎり、どんな智慧
の言葉がたくわえられているの
だろう。

名画に見る〈隠者〉

ディエゴ・ベラスケス
《聖アントニウスと隠者パウルス》
1634頃　油彩／カンヴァス　261×192.5cm
プラド美術館蔵（マドリード）

聖アントニウス（左）と聖パウルス（右）はエジプトの砂漠で孤独に瞑想生活を送った隠者であり、特に後者は最初の隠修士として知られる。本作は大鴉（おおがらす）が聖パウルスのもとへ毎日パンを運んだという『黄金伝説』の一場面を描く。

オズヴァルト・ヴィルト・タロット
〈隠者〉

Oswald Wirth Tarot
1889　フランス／パリ
フランス国立図書館蔵（パリ）

19世紀末のオカルト主義者オズヴァルト・ヴィルトは、この老人が持つランプは「本物の人間かどうかを暴き出す」「内面に入り込む」光であり、足元の蛇は賢者が使う「生命の潮流」だと解説する。

グラン・エティヤ（タロット・エジプシャン）
〈裏切り者〉

Grand Etteilla or Tarot Égyptien
1850-90頃　フランス／パリ
フランス国立図書館蔵（パリ）

18世紀末のカード占い師エティヤが制作した史上初の「占い専用タロット」。カプチン会の修道士を描くと同時に、「裏切り者」でありイエスを売ったユダであると別の版のエティヤ版には記されている。相談者を待ち受ける罠の存在を意味する。

IX

THE HERMIT.

ウェイト＝スミス版
〈隠者〉

Waite-Smith Tarot
1910　イギリス／ロンドン　夢然堂蔵

ランプの光が六芒星に改変さ
れているのが目につく。20世紀
以降のタロット文化に決定的
な影響を与えたこのパックの作
者ウェイトは、解説書の中で
「私がいるところにあなたもい
るであろう」と聖書を引用、こ
の灯が後進への導きの光であ
ることを示す。

01.

ブレーディ・タロット

The Brady Tarot by ブレーディ絵美

⊕ bradytarot.com
◎ tinybrownbird

ブレーディ絵美による、北米の自然
をリノリウム版画で描くタロット。付
属の解説書は現代タロットの巨匠、
レイチェル・ポラックが書いている
という。「隠者」は森の賢者、フクロ
ウで表象されている。

02.

タロット・デ・カルロティデス

Tarot de Carlotydes by Carlota Santos, Carlotydes

⊕ carlotydes.com
◎ carlotydes

さまざまな時代や文化のモチーフをミッ
クスしてひとつのタロットパックを創
るという興味深い試み。ケルトの異教、
カリブ、帝政ロシアなどのイメージが
現代的なデザインによって不思議な統
一感を作り出している。

03.

フォレジャーズ・ドーター・タロット

The Forager's Daughter Tarot: Afterlight Edition, by Jessica Lei Howard

⊕ theforagersdaughter.art
◎ jessicaleihoward

「フォレジャー」は「食料採集者」を意味する。その名の通り、作者は狩猟生活をしていた両親のもとで育ち、自然界との緊密な結びつきを感じていたという。その感覚がアーツ・アンド・クラフツ的な作品へと昇華されている。

04.

マイク・ウィルコックス・タロット・アンド・オラクル

The Mike Willcox Tarot & Oracle by Mike Willcox

⊕ mikewillcox.com
◎ mikewillcox

マイク・ウィルコックスがデザインした美しいパック。この「隠者」は海の中にいるのだろうか。魚とサンゴが目につく。無意識を象徴する海の中に「隠者」は沈潜していくのだ。

ジャン=レオン・ジェローム
《ディオゲネス》
1860　油彩／カンヴァス
74.5×101cm
ウォルターズ美術館蔵
（ボルチモア）

近現代絵画に見る
隠者
——歴史に名を刻む賢人は智の光の下、真理を追究する

文・千田歌秋

　隠者は、己の道を追究するため俗世を捨てて孤独な生活を送るが、これは物理的にも心理的にも人から離れることを意味する。外からの干渉を排し、内なる光を灯すことでしか、人間の本質に迫ることなどできないのである。

　ジェロームの隠者は、古代ギリシャの哲学者ディオゲネスで、彼は白昼ランタンを人々にかざし「人間」を探したという。陽の光は単に人間を、智の光は真の人間を照らすと考えたからだ。

　ダッドの隠者は、聖ヒエロニムスであろう。聖書と磔刑像は永遠の叡智や神の奇蹟を表し、時計や髑髏は死すべき「人間」の宿命を暗示する。それらは隠者が到達する真理の表と裏である。

リチャード・ダッド
《隠者》
1853　水彩／紙　35.7×25.7cm
ヒギンズ・アートギャラリー・アンド・ミュージアム蔵(ベッドフォード)

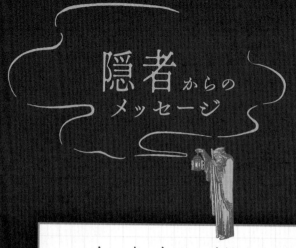

隠者からの
メッセージ

✦ 今一度、自分の時間を取り戻そう ✦

孤高の姿でランプだけを頼りに荒れ地を進む「隠者」。
この人物は世俗の喧騒を離れて、
内的な真理を求める修行僧のように見える。
時間という無常の風に吹かれて消えていくものよりも、
本当に残るものを探し求める人の姿かもしれない。
このカードが現れたときには、さまざまなノイズから
いったん身を引くことが重要だということだろう。
外野の声を少しシャットアウトし、内なる声に耳を傾けよう。
流行を追いかけることをやめ、スローダウンする。
一方で、意固地になってしまうことへの危険もある。
老人の智慧は、ときに柔軟性を失い、
過去にしがみつく醜悪さに
一転することもあることを意識しよう。

Love / 恋愛

ひとりの時間を大事にする。
片思いのまま、長い時間を過ごす。
自分の世界に引きこもり、相手と接触する勇気を持てない。
相手と時間がなかなか合わず、ひとりの時間を過ごすことになる。
年長者との恋。独りよがりにならないようにすることが重要。
また相手のプライバシーを大事にする。

Work / 仕事

目先の利益より、時間が経っても評価されるような
仕事の仕方をする。年長者との付き合いが課題に。
経験を活かしていくことが重要。
現状を大きく変えようとせず、今のコンディションを
キープすることに力を尽くすべき。
仕事の意識に侵されない自分だけの時間も重要。

Relationship / 対人関係

自分だけの時間を大事にすること。プライバシーを守る。
一定の間隔を保つ。趣味などを通しての、限定的なつながり。
一方で、精神的な指導を受けることもある。
これから長く付き合っていけるような相手。
とりたてて盛り上がることなく、楽しくはないが、
しかし時間とともに成熟していく関係。

タロットが紡ぐ、僕の物語

蒼井翔太

僕がタロットを知るようになったのは、子どもの頃に夢中だったアニメがきっかけである。そこではタロットをモチーフにしたカードが使われていて、"タロットって可愛くて綺麗なものなんだ"、という憧れに近い感覚を覚えた。けれども実際に本物のタロットカードを見たとき、"すごく怖い"、という印象に変わってしまった。もしこれに触れたら、指先から消えてしまうのじゃないか——。そうした印象から、幻想的な想像を掻き立てられていったようにも思う。

それから時を経て大人になり、街中で再びタロットカードを見かける機会があった。でもいつの間にか、それまで抱いていた"怖いもの"というイメージは消えていた。成長してさまざまな経験を積んだことも影響していたのだろう。今ならタロットに触れるかもしれない——そう思って何気なく手にとってみたのが始まりだった。

タロットを見つめていると、描かれているものが自分の中にふわっと入ってくるような、不思議な感覚にとらわれた。気がつけば、自分のことはもちろん、さまざまなことについてタロットに問いかけていた。さらにはカードの気持ちを知りたいと思い、1枚、また1枚と引いて、昼夜を問わず対話するようになった。そのときの自分の考え方や価値観にはない気づきを与えてくれるタロットは、今や僕にとって心から信頼できる話し相手だ。

タロットとの対話を続けようと思った背景には、ある特別な体験がある。タロットを始めたばかりの僕を訪ねてきた母に、父のことを占ってほしいと頼まれたのだ。そこで僕は、13枚のカードを使うホロスコープ・スプレッドという方法で、その年の父の1年を占ってみることにした。並んだのは、いかにも痛々しい絵柄のカードたち……とりわけ7月と10月にあたるカードは最も苦しげなものだった。

僕は母に、父が1月から体調を崩しているのではないか、今すぐ病院で検査をしてもらったほうがいい、と伝えた。すると後日、深刻な病気が見つかり、7月と10月に大きな手術が必要であることもわかった。早期に発見されて手術を乗り越えた結果、父は草野球ができるほどにまで回復している。以来、タロットが父の命を救ってくれたという、言うなれば恩を感じている。この出来事こそ、僕とタロットの究極の出会いなのだ。

　78枚あるタロットカードの中でも、「隠者」と「魔術師（奇術師）」は僕自身を語るのに欠かせない。かつての僕は不登校で自分の部屋から出ることができず、人と関わったり外の空気に触れたりすることさえ恐れていた。その一方で、勇気を出せたらいいのに……という希望も心の中に抱き続けていた。小さな炎が灯るランプを掲げ、隠れる者と書く「隠者」は、まさに当時の僕そのものだ。

　そしてタロットの第1番にあたる「魔術師」は、今の僕を表す。というのも、外の世界に出ることを躊躇していた僕が、このままではいけない、と一歩を踏み出した瞬間がある。振り返れば、それはまさに0から1を生み出す「魔術師」を思わせる一瞬だった。さらに言えば、原作をもとにした絵に声をあわせ、アニメのキャラクターに命を吹き込む声優や作曲の仕事も、クリエイティブなことを意味する「魔術師」のイメージと重なっている。

　僕はよく、自分のこの物語をタロットカードの番号に当てはめてみる。つまり、9（隠者）だった僕が1（魔術師）を踏み出したことで、運命の輪（10）が回り出した、と。もしあのとき一歩を踏み出さなかったら、何かしらの生きる術を見つけていただろうけれど、今の仕事にはたどり着けなかったかもしれない——。この3枚のタロットは、そんな僕の人生を象徴している。

（あおい・しょうた　声優／歌手／俳優）

切札一覧（大アルカナ）

* 図版はすべて、ウェイト＝スミス版（1910、イギリス／ロンドン、夢然堂蔵）。
* 掲載順は伝統的なマルセイユ版に基づき、第8番を「正義」（第5巻）、第11番を「力」（第6巻）とした。
* 数札・人物札（小アルカナ）は第12巻に掲載。

0 愚者
The Fool〔第1巻〕

1 奇術師
The Magician〔第1巻〕

6 恋人
The Lovers〔第4巻〕

7 戦車
The Chariot〔第4巻〕

8 正義
Justice〔第5巻〕

9 隠者
The Hermit〔第5巻〕

14 節制
Temperance〔第8巻〕

15 悪魔
The Devil〔第8巻〕

16 塔
The Tower〔第9巻〕

17 星
The Star〔第9巻〕

② 女教皇
The High Priestess〔第2巻〕

③ 女帝
The Empress〔第2巻〕

④ 皇帝
The Emperor〔第3巻〕

⑤ 教皇
The Hierophant〔第3巻〕

⑩ 運命の輪
Wheel of Fortune〔第6巻〕

⑪ 力
Strength〔第6巻〕

⑫ 吊られた男
The Hanged Man〔第7巻〕

⑬ 死神
Death〔第7巻〕

⑱ 月
The Moon〔第10巻〕

⑲ 太陽
The Sun〔第10巻〕

⑳ 審判
Judgement〔第11巻〕

㉑ 世界
The World〔第11巻〕

鏡 リュウジ（かがみ・りゅうじ）

占星術研究家、翻訳家。1968年、京都府生まれ。国際基督教大学卒業、同大学院博士課程修了（比較文化）。英国占星術協会会員、日本トランスパーソナル学会理事、東京アストロロジー・スクール主幹。平安女学院大学客員教授、京都文教大学客員教授。著書に『鏡リュウジの実践タロット・リーディング』『タロットバイブル78枚の真の意味』（以上、朝日新聞出版）、『タロットの秘密』（講談社）、『はじめてのタロット』（ホーム社）、訳書に『ユングと占星術』（青土社）、『神託のタロット ギリシアの神々が深層心理を映し出す』『ミンキアーテ・タロット』（以上、原書房）など多数。『ユリイカタロットの世界』（青土社）責任編集も務める。

夢然堂（むぜんとう）

古典タロット愛好家。『ユリイカ タロットの世界』（青土社）では、「マルセイユのタロット」史概説」と「日本におけるタロットの受容史」を担当。その他、国内外の協力作品や企画多々。第4回国際タロット賞選考委員。福岡県在住。

千田歌秋（せんだ・かあき）

東京麻布十番の占いカフェ＆バー燦伍（さんご）のオーナー占い師およびバーテンダー。著書に『はじめてでも、いちばん深く占えるタロット READING BOOK』（学研プラス）、『ビブリオマンシー 読むタロット占い』（日本文芸社）がある。

写真協力：夢然堂／鏡リュウジ／アフロ（Bridgeman Images/Mondadori/Heritage Image）／Photo：NMWA/DNPartcom〔31頁〕

アルケミスト双書　タロットの美術史〈5〉

正義・隠者
せい　ぎ　いん　じゃ

2024年3月10日　第1版第1刷発行

著　者	鏡 リュウジ
発行者	矢部敬一
発行所	株式会社 創元社　https://www.sogensha.co.jp/
本社	〒541-0047 大阪市中央区淡路町4-3-6
	Tel.06-6231-9010　Fax.06-6233-3111
東京支店	〒101-0051 東京都千代田区神田神保町1-2 田辺ビル
	Tel.03-6811-0662（代）
印刷所	図書印刷 株式会社
装幀・組版	米倉英弘・鈴木沙季・橋本 葵（細山田デザイン事務所）
編集協力	関 弥生

©2024 Ryuji Kagami, Printed in Japan　　ISBN 978-4-422-70165-3 C0371